Ludmilla & Roland

Erwachen & Erleuchtung

Anhaftungen und Identifikation

Edition Erleuchtung
Heft 16

Herstellung: Create Space,
Selfpublishing: Der Kleine Buddha
Umschlaggestaltung, Satz und Layout: Pomerova-Art

Dass wir die Vielfalt der Schöpfung
über unsere Sinne wahrnehmen und
damit alle auftauchende Dualität,
entspringt unserem Bemühen,
besonders die Teile von uns selbst,
die wir nicht lieben, auszugrenzen.

Anhaftungen und Identifikation

Heute soll es um das Thema Sucht und Süchte gehen im Sinne von, Anhaftung, Identifikation und Abhängigkeit und wie man vor und nach dem Erwachen damit umgeht.
Hier gehört das Thema „Mangel" hinein, denn wo innere Fülle sich zeigt und gelebt wird, tritt dieses Gefühl von Mangel nicht in den Vordergrund bzw. es ist gar nicht vorhanden.

Wie kann es passieren, dass wir uns in Abhängigkeit fühlen von irgendeinem bestimmten Gefühl, von irgendeiner bestimmten Stimmung, Aktivität oder von Gegenständen, die wir haben wollen, besitzen müssen, oder auch von Menschen? Und das so intensiv, dass daraus Süchte entstehen können. Also regelmäßige Gewohnheiten, die dazu führen, dass wir uns sogar selbst Schaden zufügen. Wie kann das geschehen? Wie kann sich so eine Geisteshaltung, so eine Lebenseinstellung herausbilden? Und was hat das mit Erwachen zu tun?

Wie kann das Leben, das Sein, das immer schon erwacht ist, solche Lebensumstände herstellen? Denn es geht ja hier nicht um die Erfahrung von irgendeinem Traum, den man einfach wegschieben kann, es geht ja hier um die Erfahrung echter Abhängigkeit. Abhängigkeit, die so intensiv ist, dass man nicht nur daran glaubt, sondern dass es tatsächlich die eigene Realität ist.

Die eigene, individuelle Erfahrung ist immer die eigene Realität. Es ist wichtig die eigene, tatsächliche Erfahrung, die die individuelle Realität ausmacht, zu unterscheiden von Konzepten, denen man eventuell hinterherläuft und diese zu seiner gewünschten Realität macht, indem man sich diese Konzepte überstülpt und versucht danach zu leben. Besonders spirituelle Konzepte schleichen sich gerne auf ganz subtilen Ebenen ein. Sie stärken dann das Selbstwertgefühl und verhindern, dass wir das eigentliche Thema, die eigentlichen Gefühle dahinter fühlen und anschauen können. Menschen, die lange Zeit nach Konzepten leben, geht es meist nicht sehr gut. Sie leben nicht sich Selbst, fühlen sich oft eher unlebendig und leben keine innere Freude und tiefe Erfüllung.

Es ist deshalb wichtig ganz ehrlich hinzuschauen: Was ist wirklich meine reale Erfahrung, was sind meine Gefühle, meine Empfindungen, lebe ich Freude usw.? Und die Antwort darauf erst einmal als die eigene Realität wahrzunehmen und vorerst auch ernst zu nehmen. Auch wenn du durch Überlieferungen oder durch eigene Erfahrung weißt, dass es da noch etwas anderes, etwas Größeres, etwas Jenseitiges gibt, ist das doch erstmal die Realität, die du lebst in diesem Moment. Das wahrzunehmen und dies so anzuerkennen ist wichtig. Es ist ein erster Schritt in die Liebe zu dir selbst, zu deinem Leben und zu „Gott".

Wenn wir von unserem ganz normalen Alltag ausgehen, dann ist die Erfahrung die, dass jeder Teil, den wir von uns selbst abspalten, den wir an uns selbst ablehnen, ein Verlust von Freiheit und ein Verlust von Fülle ist. Das ist das Erzeugen eines Mangelgefühls. Das ist der Anfang des Mangels. Je mehr wir uns dann in diesem Mangel wiederfinden, um so mehr spalten wir uns von unserem Selbst ab, und umso mehr gelangen wir in eine Abhängigkeit von Äußerlichkeiten.

Da geht es jetzt noch nicht darum, was wir als schön oder was wir als nicht so schön empfinden. Denn sowohl im Äußeren können wir bestimmte Begebenheiten als nicht so schön empfinden, als auch im Inneren.

Hier geht es darum, wie erzeuge ich durch Selbstverleugnung eine Mangelsituation?

Wenn diese Mangelsituation groß genug ist, ist der Boden bereitet für das, was wir Sucht oder Süchte nennen, Addiction, Anhaftung, Abhängigkeit.

Das heißt, diese Süchte haben meist nicht nur ein einziges Thema als Ursache, sondern etliche Situationen, etliche Erfahrungen und Erlebnisse, die abgespalten werden mussten und noch immer dauerhaft abgespalten werden, die dann irgendwann zu diesem ausgeprägten Mangelempfinden führen. Und dann versuchen wir, weil wir uns selbst nicht mehr kennen, im Außen etwas zu finden, um unser Leben freudvoller zu gestalten. Es können also hinter einer Sucht gleich eine Handvoll Themen stecken, die dazu führen, dass wir dem Glauben folgen, wir könnten uns im Außen das Glück verschaffen.

Immer wenn du dir die Frage stellst, „Wer bin ich?" und in dich hineinschaust, kannst du sofort sehen, ob du mit dem, was da als Antwort kommt, einverstanden oder im Zweifel bist. Jedes im Einverstanden-Sein führt dich zur Fülle, jedes im Zweifel-Sein führt dich in die Abhängigkeit. Dieses in Fülle sein heißt nicht, dass dir alles nur schön vorkommt, was du da in dir wahrnimmst und du dich nur wohlfühlst, sondern es heißt, dass du ohne Zweifel bist. Die Fülle beinhaltet alles, Freude und auch Leid. Alle Gegensätze sind enthalten in der Fülle. Wenn du einen Teil davon nicht haben willst, fängst du an abzuspalten. Und damit legst du die Basis für den Mangel, und wenn du in diesem Mangelzustand bist, beginnt Anhaftung. Und deshalb beginnt jeder Schritt, um aus der Anhaftung herauszukommen, und im schlimmsten Fall auch aus den Süchten, mit Selbstannahme. Du schaust in dich hinein, du fragst dich, „Wer bin ich?" und das was dann kommt, wird akzeptiert, als das was es ist. Vollkommen egal was da kommt. Bedingungslose Selbstannahme, Hingabe an sich selbst. Egal ob dir das gefällt oder ob es dir nicht gefällt was da kommt. Das ist der erste und wichtigste Schritt.

Diese bedingungslose Selbstannahme muss zu einer Gewohnheit werden, zu einer Routine, über die man gar nicht mehr nachdenken muss. Wenn einem das gelungen ist, fängt das Leben an sich zu ordnen, weil es sich nicht mehr veräußern muss. Es muss nichts mehr nach außen projiziert werden. Es klärt sich im Inneren, es zeigt sich als das was es ist, Erscheinungen im eigenen, unendlichen Bewusstseinsraum.

In dem Moment, in dem du etwas nicht haben willst, dich abspaltest davon, veräußerst du einen Teil von dir. Du zwingst damit das Äußere dir diesen abgespaltenen Teil zu spiegeln. Dieser abgespaltene Teil, den du selbst nicht haben und nicht sehen willst, kommt als Schicksal im Äußeren auf dich zurück. Selbsterzeugtes Karma. Süchte, Abhängigkeiten, Addiction, Identifikation sind selbsterzeugtes Karma. Diese Dinge muss man wieder zu sich zurücknehmen, ins eigene Innere zurück. Bei jedem Teil, der einem da draußen nicht gefällt, kann durch Innenschau sofort festgestellt werden, welcher Selbstanteil verschwunden war, abgespalten wurde.

Wenn im eigenen Inneren wieder alles zusammengefügt ist und die Fülle erfahren und gelebt wird, ist jegliche Veräußerung automatisch Fülle. Es kann von außen nichts anderes auf dich zukommen als Fülle ohne Abhängigkeit und Identifikation, ohne Süchte.

Jedes äußere Problem hat vorher eine innere Ursache, es gibt kein äußeres Problem, was nicht vorher in uns eine Ursache hatte, eine Ursache, die uns nicht gefallen hat, die wir abgespalten haben, die wir verdrängt haben und die dann als Schicksal von außen auf uns zugekommen ist. Und da das jeder Mensch individuell ganz verschieden macht, erlebt jeder Mensch die Welt da draußen anders. Ein und dasselbe Ereignis wird von zehn verschiedenen Menschen in zehn verschiedenen Geschichten erzählt.

Wir sind erst dann in der Lage dauerhaft Fülle zu erfahren, wenn wir uns befreit haben von den unbewussten, abgespaltenen Dingen in uns. Ein und dieselbe Situation wird den einen Menschen in Frieden und Fülle belassen und bei dem anderen Menschen Stress und Missfallen erzeugen.

Die äußeren Situationen werden entsprechend unserer individuellen Wahrnehmungsfilter unterschiedlich empfunden und interpretiert und hinterlassen dementsprechende Eindrücke. Und diese Filter stehen unmittelbar in Verbindung mit unseren unbewussten und abgespaltenen Anteilen. Wir sind dann nicht in der Lage, frei und unvoreingenommen über unsere Sinne die Fülle wahrzunehmen. Die individuellen Eindrücke verursachen entsprechend unserem

Nicht-Wollen und unserem Widerstand meist unangenehme Reaktionen. Wir haben in Bezug auf das was wir wahrnehmen, eine Art Realitätsgewissheit und meinen, dass wir die Situationen, die Welt, uns selbst objektiv sehen, wie sie sind. Dem ist bei Weitem nicht so. Wir schauen durch unsere Filter. Deshalb ist es so wichtig die Dinge wieder zu sich zu nehmen, ganz praktisch das Leben, das äußere Leben, den Alltag bewusst als Spiegel zu nutzen für das eigene Innere, was ein wenig blind geworden ist. Und das gilt für die Zeit vor dem Erwachen genauso wie für die Zeit nach dem Erwachen.

Mit dem Erwachen vertieft sich die Erkenntnis und die Erfahrung des eigenen Innenraumes so sehr, dass jegliches Äußere was auftaucht als Inneres gesehen wird. Der Zusammenhang zwischen dem Inneren und dem Äußeren wird gespiegelt und so schnell gesehen, dass vom Gefühl her keine Trennung mehr auftritt.

Ich bin das, ich bin die Welt. Schon die Idee der Trennung zeigt, dass irgendein Schmerz da sein muss, der nicht gesehen werden will, der nicht gefühlt werden will, der deshalb veräußert wird in Form einer Trennung, so dass er als Schicksal von außen, als Karma zurückkommt und sichtbar wird.

Ein paradoxes Spiel: wir spalten etwas ab, erzeugen damit ein Getrenntheitsgfühl, ein Ich und Du, ein Hier und Da, und Dinge, die scheinbar außerhalb und unabhängig von uns existieren und dann projizieren wir unsere Unbewusstheiten auf diese scheinbar getrennten Dinge, die äußere Welt. Ein Kreislauf, den wir durchbrechen müssen, wenn wir Leid beenden wollen.

Wir haben es uns in unserer westlichen Kultur geradezu angewöhnt dieses System des Spiegels im Außen. Man könnte sagen, dass es ein Teil unserer Kultur ist. Und es entsteht

nur deshalb Leid, weil wir etwas veräußern, weil wir es abspalten, weil es
dann von außen auf uns zukommen
muss als Spiegel. Nur durch diese Verwechslung, durch dieses Tun entsteht
Leid. Wenn wir uns dann irgendwann
selbst als das Außen erfahren, dann
ist auch das Leid verschwunden.

Die Welt ist nicht außen, nicht ich bin
in der Welt, die Welt ist in mir. Ich bin
die Welt. Diese Sätze sind bekannt
und so sind sie zu verstehen. Mit
jeder Abspaltung, mit jeder individuellen Entscheidung, die Hingabe
an mich selbst zu reduzieren oder zu
beenden, bin ich verantwortlich für
das Leid, das dadurch entsteht.

Dadurch, dass wir das kollektiv
betreiben und es ein Teil unserer Kultur geworden ist, sind wir alle mitbe-
teiligt am kollektiven Leid. Es häuft
sich auf, es spiegelt sich gegenseitig
immer mehr das Leid. Es ist ja ein
Unterschied, ob wir uns gegenseitig Fülle spiegeln oder ob wir uns
gegenseitig Abspaltung und man-

gelhafte Selbstliebe spiegeln. Das schaukelt sich gegenseitig hoch. Am Ende steht kollektives Leid.

So einfach das in seiner Ursache, in seiner Verursachung ist, so unglaublich kompliziert wird es, wenn es sich unendlich oft gegenseitig spiegelt als Leid. Es verstrickt sich immer mehr ineinander wie ein gordischer Knoten, der überhaupt nicht mehr aufzulösen ist. Egal wo man anfängt mit der Idee der Problemlösung, man bleibt irgendwo stecken. Macht man dies, geht das schief, macht man das, geht das andere schief.

Solange man die Wahrheit über sich selbst nicht gefunden hat, wird man das auch so weitermachen. Erst wenn du wirklich weißt um die Realität, die du bist, um die Welt, was sie ist und wie sie funktioniert, erst dann kannst du da aussteigen. Erst dann wirst du den Kreislauf durchbrechen und in dauerhaftem Selbstrückbezug leben. Erst dann wirst du alle Teile, die du bis dahin dauerhaft veräußerst hast, in dein Bewusstsein zurückholen und nicht mehr veräußern. Das Nervensystem kommt allmählich zur Ruhe, und die Sinne haben keine Veranlassung mehr, irgendetwas abzuwehren, vor irgendetwas zu schützen. Dein System ist dann frei für das was als Ganzes da ist, für die Übermittlung der Ganzheit, der Fülle. Und natürlich wird sich das Leben, dieser Ausdruck von Leben, diese scheinbaren Erscheinungen von Leben entsprechend verändern. Und wenn dies sogar auf kollektiver Ebene stattfindet, dass jeder Einzelne sich selbst erkennt, die Veräußerungen stoppt und damit seine abgespaltenen Teile wieder zu sich holt, dann kann man sich vorstellen, dass die Welt sich sehr verändert. Es wird mehr Ordnung entstehen, mehr Liebe, weniger Leid, mehr Leichtigkeit, mehr Einfachheit, mehr gefühlte Schlüssigkeit, mehr Freude, mehr Glück. All diese Attribute, die bekannt sind.

Wenn du Anhaftungen, Abhängigkeiten, Süchte bei dir wahrnimmst,
oder ein Gefühl von Mangel und
Getrenntheit, dann durchbreche den
Vorgang der Veräußerung und starte
bei diesem einfachen Vorgang der
Selbstwahrnehmung, dir selbst raum-
gebenden Selbstwahrnehmung. Was
ist jetzt hier in mir? Was fühle ich?
Was wünsche ich? Wer bin ich? Wenn
du in dich selbst hineinschaust, wie
fühlst du dich dabei?

Das was du wirklich bist, ist vollkommen okay, ist Fülle, Sat Chit Ananda,
unbegrenztes   Glückseligkeitsbe-
wusstsein. Mehr Selbsthingabe kann
es nicht geben. Das heißt, diese einfachen Fragen, dieses ganz einfache
Hineingehen in dich selbst, zeigt dir
sofort deinen Zustand, deinen ganz
real gelebten Zustand. Und wenn du
den annimmst, bist du auf der siche-
ren Seite, lehnst du das ab, geht
diese unendlich laufende Spirale
der Leiderzeugung los. Denn jede

Ablehnung erzeugt wieder ein Bild im Außen, was dir nicht gefallen wird.

Es ist gut das zu wissen, und es ist gut einmal darauf zu achten, was dir am Außen nicht gefällt, was dich im Innersten „triggert", ob du auf irgendeiner Ebene deines Seins etwas ablehnst, ob du mit etwas nicht in Frieden bist, weil es immer ein Teil deines Selbst ist, was du da ablehnst oder weswegen du nicht in Frieden bist. Dem kannst du dich liebevoll zuwenden. Und indem du das tust, indem du Aufmerksamkeit darauf richtest und es nicht beurteilst und dich nicht dafür verurteilst, sondern es wahrnimmst wie es ist, in dem Moment löst du diesen Vorgang, dass du mit diesem Ablehnen ein äußeres Bild, eine äußere Situation kreierst, die dir dann wiederum genau das spiegelt, was du in dir selbst und als dich selbst ablehnst.

Es geht hier um die Dinge, die dich persönlich im Inneren in Unruhe und

Aufruhr versetzen. Dort halte an und gehe mit dir selbst in Kontakt. Lass dir zeigen um was es geht.

Wir sind heute in unserer Kultur soweit gekommen, dass wir das Sammelsurium dieser selbsterzeugten Bilder im Außen für Realität halten, als die einzige Realität sogar. Völlig vergessen haben wir, dass wir ohne uns selbst überhaupt gar keine Realität wahrnehmen können. Wenn wir auf der einen Seite gewohnheitsmäßig uns selbst, dass was wir wirklich sind verleugnen und das dann noch kulturell verfestigen in unserem alltäglichen Lebensstil, dann können wir nicht erwarten, dass das, was wir draußen gespiegelt bekommen, REALITÄT ist. Das sind eher wilde Alpträume, die wir da gespiegelt bekommen, im schlimmsten Fall, Probleme, die nicht mehr lösbar sind, Probleme, die im Außen auch gar nicht lösbar sind, weil sie da nicht entstanden sind. Sie sind im Inneren entstanden. In dem

Raum, der ich bin, in dem Raum, wo ich durch Selbstablehnung, durch mangelhafte Selbstliebe Chaos erzeugt habe. Radikale Selbstliebe, radikale Hingabe, das ist der Zustand des Erwachens. Ohne das existiert Erwachen nicht. Erwachen aus diesem Traum, aus dieser Verwechslung zwischen dem wahren Selbst, das wir sind und dieser Traumwelt, die wir erschaffen haben. Radikal. Erwachen hinterlässt uns in diesem Wissen, und das ist nicht nur ein mentales Wissen, sondern ein ganzheitliches Wissen, was einem neuen Seinszustand entspricht, dass die Welt in uns ist, dass wir die Welt *sind*. Und dass es da keine Trennung gibt. Dass wir sehr wohl mit dieser Welt etwas zu tun habe, dass wir die individuellen und kollektiven Schatten nach außen projizieren und damit die Welt kreieren. Das ist das, was man dann weiß, unwiederbringlich weiß. Und gleichzeitig fällt die Verwechslung weg, die Identifikation un die Überzeugung, dass du nur diese begrenzte und abgetrennte Person seist. Unendlichkeit, Unbegrenztheit, Ungetrenntheit wird erfahren als dein Sein. Und gleichzeitig die Person, als die du in Handlung gehst.

Alles in DIR, nicht du in der Welt, die Welt in DIR. Und dass es deine Schöpfung ist, die du da siehst, die du bist. Deine Schöpfung aus Unwissenheit heraus, deine Schöpfung der eigens abgespaltenen Anteile ist das, was du dann siehst, und dieses Wissen hilft, das aufzulösen. Dieses Wissen hilft in diese Selbstliebe zu kommen, in diese Annahme dessen, was in dir alles auftaucht. Und es ist die gesamte Welt zu allen Lebzeiten, die in dir auftaucht, und da kannst du hinschauen und gucken, was ist das, was dir da nicht gefällt, was ist das? Es ist deins. Es ist deine Schöpfung aus einer Unwissenheit heraus, und das kannst du jetzt rückgängig machen. In dem Sinne, dass du jetzt erkennst was es wirklich ist. Du kannst aufhören mit der Abspaltung, du kannst aufhören mit dem Trennen, dem Sich-dagegen-Wehren, dem Veräußern und dem Außen, der Welt und Gott usw. die Schuld zu geben. Damit hörst du dann auf. Und das kann ein längerer Prozess sein, indem jeder Anteil davon überzeugt wird, im Lichte des Gewahrseins eingetaucht, davon überzeugt wird, dass er nicht die Wahrheit ist. Dass er nur ein Traum ist. Das löst die Anhaftung daran. Jeder Anteil wird erleuchtet und zu jedem Anteil erlischt die Anhaftung und der Glaube daran, dass er Wirklichkeit ist. Er erscheint nur noch als Traum. Leerheit. Er wird als Leerheit erkannt, in dem was dieser Anteil veräußert hat, indem was dieser Anteil als Bild vor dir hingestellt hat. Dies wird als Leerheit erkannt, durchschaut und erfahren. Und das führt letztendlich zur Befreiung, zu einem Handeln ohne Anhaftung, zu einem Handeln ohne auf die Frucht des Handelns für dich persönlich ausgerichtet zu sein.

Bei jedem Menschen ist ganz individuell verschieden etwas anderes zu tun. Der eine sieht ganz große Freude in sich und Heiterkeit, der andere sieht Leid. Das ist eine riesige Bandbreite von Möglichkeiten, was da so in uns Menschen auftaucht. Wenn Freude auftaucht, wir die Augen schließen und uns die Frage stellen „Wer bin ich?", dann kann es sein, dass Erwachen ganz schnell geschieht.

Wenn Schmerzen auftauchen und Tränen und Wut und Trauer und Traumata, dann kann es sein, dass zwanzig Jahre lang oder dreißig Jahre lang oder vierzig Jahre lang, diese Schreckenswelt durchschritten werden muss, geklärt werden muss und mit dem Licht der Aufmerksamkeit des reinen Gewahrseins erleuchtet werden muss. Das lässt sich vorher überhaupt nicht sagen, wie jeder einzelne Mensch aufgestellt ist. Es ist individuell total verschieden. Da hat jeder Mensch sein eigenes Karma. Und deshalb kann man keine Regel aufstellen. Erwachen braucht ein Jahr, drei Wochen, zwanzig Jahre, ein ganzes Leben lang oder einen Moment. Der Weg ist das Ziel in dem Fall. Egal ob Erwachen innerhalb einer viertel Stunde geschieht oder in einem viertel Jahrhundert. Der Ewigkeit ist das völlig egal. Und jeder einzelne Mensch hat da individuell sein Karma, seinen Weg und dieser Weg ist für ihn sein Ziel, ganz automatisch, da gibt's nichts zu verhandeln, zu verschieben, zu verändern oder zu verdrängen. Gehe nach Innen mit der Frage „Wer bin ich?", schaue was da kommt und das ist dein Weg. Das ist das Ziel.

Jede Antwort, wenn du z.B. aus dem Haus heraustrittst liegt direkt auf der Straße, liegt direkt vor deinen Füssen. Jede Antwort ist sofort da, in jeder Aktivität, immer das, was sich dir jetzt zeigt, ist die Antwort. Etwas in dir und auch das, was scheinbar außen ist. Denn die Welt ist dein Körper. Und

es kann sein, dass das zuerst turbu-
lent ist, weil soviel in dir anspringt
oder anklingt, was dir vielleicht nicht
gefällt. Irgendwann wird das ruhiger,
irgendwann hört das auf überhaupt
eine Antwort zu sein, irgendwann
„verschwindet die Welt". Aber du
kannst mit diesem Wissen, dass alles,
was erscheint, immer eine Antwort
auf dich selbst ist, damit kannst du
gut arbeiten, in dem Sinne, dass du
dir dieser abspaltenden Aktivitäten
bewusster werden kannst, und alleine
durch dieses Bewusstsein und diese
Bewusstheit da drin, veränderst du
etwas. Allein dadurch, dass du dir
bewusst bist, kommst du in die Situation einer annehmenden Haltung
herein und du wirst sehen, dass sich
nach einer Weile die Situationen verändern.

In dem Moment, in dem wir beginnen uns in Selbstannahme zu üben
auf diesem Weg nach Innen, in dem
Moment beginnt schon Heilung.
In dem Moment, in dem wir unsere

Aufmerksamkeit auf das legen was auftaucht, beginnt die Veränderung. Alleine dadurch, dass wir die Aufmerksamkeit drauflegen. Denn wenn wir einen Teil von uns Selbst abspalten, passiert ja genau das Gegenteil. Wir ziehen unsere Aufmerksamkeit davon ab. Spaltung geschieht, Trennung geschieht und diese ist immer die Voraussetzung für weitere Projektionen (Veräußerungen). Also die Aufmerksamkeit ist ein sehr sehr wichtiges Werkzeug.

Wir gehen nach Innen und legen unsere Aufmerksamkeit ganz leicht und natürlich auf das was auftaucht. Ohne Bewertung. In der Selbstannahme gibt es keine Bewertung von gut oder schlecht, von nützlich oder unnützlich, praktisch oder unpraktisch oder „das kann ich aber jetzt nicht gebrauchen" oder „das will ich nicht". Selbstannahme heißt, die Aufmerksamkeit ruht einfach ganz sanft auf dem was da auftaucht in mir. Und der Prozess, der dann beginnt, ist

schon Heilung, die einzelnen Puzzle-
teile beginnen sofort sich zusammen-
zusetzen und das Leben im Außen
beginnt sich auf subtiler Ebene zu
ordnen. Einfach dadurch, dass wir in
Stille dasitzen und die Aufmerksamkeit auf das legen was auftaucht.

Du wirst zunehmend feststellen, dass
mehr und mehr die Widerstände und
das Missfallen aufhören, mehr und
mehr dein Gewahrsein tatsächlich
zur Ruhe kommt. Es ist nur manchmal
schwierig bei dieser Übung zu blei-
ben, weil wir so gewohnt sind, und
weil wir es ja auch so gelernt haben,
uns darauf zu fixieren auf diese Trennung, auf dieses Außen und dass dieses Außen etwas ist, was mir etwas
geben kann, womit ich mir einen
Mangel ausgleichen kann.

Da steckt eine große Gewohnheit
drin. Das Kollektiv Menschheit lebt
in dieser Weise und da ist es nicht
immer ganz einfach diese Übung,
dieses Gewahrsein, diese Aufmerk-
samkeitsübung dauerhaft zu befol-

gen, aber es kann sein, dass es dir mehr und mehr gelingt und du mehr und mehr diese Leichtigkeit spürst, die Klarheit, die dann auftaucht, dass du siehst wie die Dinge sich ordnen und du von ganz alleine zur Ruhe kommst.

Es ist wie das Schmelzen von Eis, was man in die Sonne legt. Wenn du einen kleinen Eiswürfel in die Sonne legst, kann es sein, dass er sehr schnell schmilzt. Wenn du einen Eisberg in die Sonne stellst, dann dauert es länger bis er geschmolzen ist, aber schmelzen tut er.

Der Vorgang des Schmelzens beginnt in dem Moment, in dem du das, was du in dir selbst wahrnimmst, in die Sonne deiner Aufmerksamkeit stellst, es in dein Gewahrsein hineinlässt. Ein kleines Problem schmilzt schnell, ein großes braucht etwas länger, aber es schmilzt.

Es geht uns darum diesen Vorgang des Schmelzens zu starten, der von ganz alleine abläuft, wenn man das Gewahrsein anschaltet. Tut man das nicht, weil man sich veräußert und veräußert, dann bleibt der Eisberg einfach bestehen in dieser inneren Kälte, da ändert sich dann nichts. Ganz im Gegenteil, der kühlt sich wunderbar ab mit den anderen kalten Eisbergen, denen man dann im Äußeren begegnet. Es wird immer kälter. Das heißt, es gibt aus der ganzen Abhängigkeit keinen anderen Weg heraus, als durch das Tor des eigenen Selbst. Man kommt aus Süchten nicht anders heraus als durch sich selbst. Jede Fehlidentifikation lässt sich nur auflösen durch das Hindurchgehen durch das Tor des eigenen Selbst.

Und wenn da Eisklötze und Berge im Weg stehen, dann schmelzen die, wenn man die Aufmerksamkeit darauflegt. Und dieser Weg ist das Ziel. Das ist das einzige, was getan werden kann. Das ist die einzige Freiheit, die wir als Menschen wirklich haben. Der Rest ist Tarnung und Täuschung und Spiel, Illusion, Maya. Wirkliche Freiheit haben wir als Menschen, wenn wir nach Innen gehen durch das Tor des Selbst. Da sitzt die Freiheit. Und es lohnt sich für jeden einzelnen Menschen diesen Weg zu gehen. Egal ob der Weg eine viertel Stunde braucht, oder ein ganzes Leben. Dieser Weg nach Innen ist die spannendste Reise, die wir gehen können. Spannender als jede Reise im Außen. Die lohnendste Reise überhaupt. Die erzählenswerteste Reise.

Setz dich mit Menschen zusammen und reise gemeinsam mit ihnen nach Innen. Erzählt euch gegenseitig von euren Erlebnissen, von euren Eisbergen, die in der Sonne stehen und schmelzen. Das sind die spannendsten, aufregendsten Reisen überhaupt. Die Freude, die auftaucht, die Glückseligkeit, das Licht, die Unendlichkeit, die durchschimmert, wenn das Eis dünner wird. Die Gipfelerlebnisse, die immer wieder auftauchen dürfen. Es gibt nichts Wichtigeres zu tun für dich selbst und für die Welt. Alles andere ist Ablenkung, Veräußerung, Leiderschaffung. Lebe ein Leben in Hingabe an dich selbst, keine Selbstkritik, keine Selbstzweifel.

Du hast alles was du brauchst. Deine Aufmerksamkeit, deinen Innenraum, das Tor des Selbst, durch das du schreitest.

Alles ist vorhanden, alles ist da. Wir stehen auf der anderen Seite dieses Tores und winken dir zu, wir reichen dir eine Hand, um dich zu packen und durchzuziehen. Durch dieses Tor, das manchmal eng erscheint wie ein Nadelöhr. Und man denkt, da komm ich nicht durch. Lege die Aufmerksamkeit auf diese Enge und sie wird weiter, sie schmilzt. Alles was dir schwierig und problematisch erscheint, lege einfach die Aufmerksamkeit darauf. Es erwartet dich ein Leben in Freiheit. In vollkommener innerer Freiheit.

Alles Liebe

\- und komme jetzt zum kostenfreien

Analyse-Gespräch
mit
Ludmilla & Roland

Terminbuchung auf:
www.Analysegespräch.de

Notizen:

Weitere Titel von Ludmilla & Roland aus der
Edition Erleuchtung.
Zu bestellen unter: www.Erleuchtung.jetzt

"Aufmerksamkeit schafft Realität. Wenn wir Dinge, die da auftauchen, wegdrängen aus unserem Gewahrsein, verdrängen wir Realität. Auf der feinen, subtilen Ebene findet dort der Anfang jeder Verdrängung statt. Und das ist gleichzeitig auch der Anfang von neuer Schöpfung, weil all das, was ich verdränge, sich unbewusst natürlich wieder vor mir aufbaut, in Form meiner eigenen Schöpfung."

"Die Dunkle Nacht der Seele, als Phänomen letztendlicher Läuterung, tritt nur in Zusammenhang mit tiefgreifenden Transzendenzerfahrungen auf. Es wird dadurch ein Prozess in Gang gebracht, bei dem es ums Ganze geht. Und es ist, als würde ein Tor geöffnet werden zu all den gespeicherten Informationen des unendlichen Kontinuums unseres Seins."

Ludmilla & Roland

Erwachen &
Erleuchtung

Der
Aufwachens-
schmerz

Edition Erleuchtung

„Wenn das Absolute tröpf-
chenweise oder auch plötzlich
in den eigenen Wahrneh-
mungsraum einbricht, hat
das Relative überhaupt keine
Chance zu bestehen. Jeder,
der schon eine Erwachens-
erfahrung gemacht hat, eine
Gipfelerfahrung, weiß wie
radikal diese Kollision mit der
Unendlichkeit sich anfühlt.
Da bleibt nichts mehr übrig.
Da bleibt kein Stein mehr
auf dem anderen. Und diese
Vorgänge nennen wir den
Aufwachensschmerz."

Eine Auswahl weiterer Titel der Edition Erleuchtung:

Weitere Bücher von Ludmilla & Roland zum Thema
Erwachen & Erleuchtung.
Zu bestellen unter: www.Erleuchtung.jetzt

Erwachen -
Der radikale Weg in die
Freiheit
Suchende müssen nicht
warten, bis die Gnade
des Erwachens über sie
kommt. Der radikale Prozess
tiefenpsychologischer Klärung,
der nach dem Erwachen
beginnt, kann jederzeit
begonnen werden und bringt
uns dem ersehnten Ziel der
Befreiung in grossen Schritten
näher.
Hierzu lernen wir, das Leben
so zu betrachten, dass es uns
größtmögliche Entwicklung
bietet. Wir lernen, das Leben
als Lehrer zu verstehen,
das uns letztendlich zur
SELBSTverwirklichung führt.

Autor: Ludmilla Rudat

ISBN 978-3-732-23955-9

Erkenntnisse zur Erleuchtung - Sammlung 1

Dieses Buch ist entstanden in einer Zeit, in der der Autor sich intensiv mit dem Prozess seiner Erleuchtung beschäftigt hat. Seine Erkenntnisse und Erfahrungen hat er chronologisch gesammelt und nun erstmalig der Öffentlichkeit zur Verfügung gestellt. Für jeden fortgeschrittenen spirituellen Sucher ist diese Wissenssammlung eine wahre Fundgrube an Tips & Tricks für den Weg zur Erleuchtung.

Autor: Roland Heine

Leben in Erleuchtung - die Unendlichkeit findet sich selbst

Der Autor beschreibt in Tagebuchform sein Leben in Erleuchtung. Viele kleine Episoden bringen den Leser sehr nahe an das unbeschreibliche Paradoxon heran, das entsteht, wenn die Unendlichkeit sich im Leben eines Menschen selbst wiederfindet. Die dann einsetzende Transformation beschreibt der Autor direkt aus der Perspektive des eigenen Erlebens heraus. So ist eine großartige Schilderung des einzigartigen Erlebens des Zustandes der Erleuchtung zustande gekommen. Dieses Buch bietet auf diese Weise besonders fortgeschrittenen Suchern Orientierung bei ihren letzten Schritten hin zur Erleuchtung.

Autor: Roland Heine

Printed in Poland
by Amazon Fulfillment
Poland Sp. z o.o., Wrocław

10859570R00023